掲示伝道句法話集

真実一語

山路天酬 著

掲示伝道句法話集

真実一語

はじめに

私は過去三十年以上にわたり、毎日お護摩を修すること、毎日法話をすること、毎月〈寺だより〉を発行することを実践してまいりました。そして、これを仏教の三宝（仏・法・僧）になぞらえて、私自身の〈三つの宝〉と考えてまいりました。

このうち、毎日の法話の中から一〇八話を選んで、平成二十八年に『日々法話集・一話一会』（青山社刊）と題して刊行いたしました。これは、自坊の退任退職を記念して刊行したものでありましたが、幸いにも多くの方々に愛読され、また多くの方々より賞讃をいただきましたことは、望外の喜びでありました。

実は、私には〝もう一つの宝〟があり、それは毎週、掲示伝道を実践してきたことであります。境内における掲示伝道は、教化活動としてきわめて重要であります。ただ、多くの寺院の掲示句を拝見しますに、仏典や宗祖の著作からの引用ばかりが多く、一般参詣者の目に留まるものは少ないように思われてなりません。

私が掲示伝道を始めた折、心ひそかに決意したことはこのことでありました。つまり、あくまでも自分で考え、自分で選んだわかりやすい法語のみを掲示しようと心に決めたのです。

もちろん、そのためには日頃から読書に励み、人の話にも耳を傾け、思索を重ね、法語となるものを拾い出さねばなりません。しかもその法語を、わずか二行から四行ほどに練り上げることは、想像以上に難しいことも知りました。そのため、所持する書籍の中からヒントを得て急場をしのいだことも度々でした。

また、法話には適しても、掲示伝道の法語にはならない名言もあることが得心できました。法語として語呂のよい短文にはなり得なかったからです。「惜しいな」と思ったものでした。

本書はそのような試行錯誤の中から、八十八の法語を選んだものです。八十八という数字は、もちろんお大師さまの〈四国八十八ヶ所〉にあやかりました。『一話一会』と同様、どこからでも読んでいただけるように見開き二頁ごとに収まるように、右頁に法語を、左頁にはその法語にちなんだ簡単な法話を添えています。

私事ですが、間もなく私の終《つい》の棲家とも言うべき「あさか大師香林寺」が落慶いたします（表紙カバーに住所・電話番号を表記しました）。本書はその記念出版でもあります。今日まで私を支えてくださった皆さまへの感謝の気持ちを込めて執筆いたしました。寺院の方々にも、一般の方々にも、共にお役に立てれば幸甚この上もございません。

平成三十年八月

盂蘭盆のさ中に　山路天酬

〈目　次〉

01

最高の喜びとは
喜ばれることです。

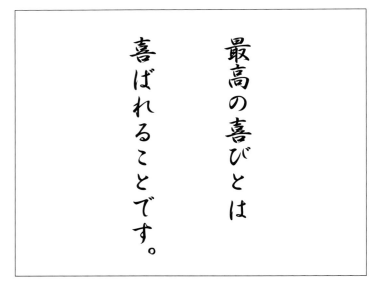

相手が損をすれば、自分が得をすると思う人がいます。
たとえ得をしても、〈徳〉を失っていく残念な人です。
最後まで得をするのは、惜しみなく与える人です。
与えることに喜びを知る人です。
こういう人は、その徳によって人が集まり
集まった人たちによって、さらに得をするのです。
「より多く与える人こそ、より多くを得る」という
鉄則は、人間社会に共通する黄金のルールです。
このルールを知る人は、与えることそのものを
喜びとしているはずです。そして
与えることそのものを喜びとするなら
望まずとも、さらに与えられるのです。
最高の喜びとは、喜ばれることだからです。

02

不幸と思うのは
比べるからです。
本当の幸福は
誰にでも平等です。

私たちは、自分と他人を比べながら生きています。
「どうして自分だけが」「どうしてあの人だけが」と
たいていは恨んだり、嫉《ねた》んだりして生きています。
七〇億以上の人々が、この地球上にいます。
でも、自分という人間はこの世にただ一人です。
肉親がいても、似たような他人がいても
自分はただ一人です。一人にはただ一人としての
生き方があり、一人だけの幸福があります。
その一人だけの幸福は、誰にでも必ずあるのです。
他と比べる必要はありません。
恨むことも、嫉むことも不要です。
本当の幸福は、いつでもどこでも
誰にでも平等なのですから。

03

幸せは
求めるものではなく
それは身近に
感じ取るものです。

誰でも幸せを求めて生きています。
幸せを求めない人など、この世にいません。
誰もが、今より少しでも幸せでありたいと
それを願って生きているのです。
でも、どんなに幸せを願っても求めても
その幸せを感じ取ることができなければ
幸せにはなれません。なぜなら
幸せは、自分の身近なところ、足もとにあるからです。
家族がいることは幸せです。仲がよいことは幸せです。
歩けることは幸せです。笑えることは幸せです。
住まいがあることは幸せです。
ご飯が食べられることは幸せです。幸せは
求めるものではなく、身近に感じ取るものです。

04

幸福そうな
不幸があります。
不幸に見える
幸福があります。

外から見ると幸福そうでも、本当はどうなのか
それはわかりません。いかにも裕福そうで
豪邸や高級車を持ち、何ひとつ不自由がなさそうで
実は、家の中は争いが絶えない〝火宅〟と
いう例は、数え切れないほどたくさんあります。
逆に、不幸に見えながら、家族が仲良く
よく笑い、ほどほどに楽しく過ごしている人もいます。
こういう人は、何より分相応をわきまえているので
要らぬ高望みをしないのです。
幸福も不幸も、ただ心ひとつで決まります。
それなりに幸福と思えば、人は幸福になれます。
幸福も不幸も、それを思う心の数だけあるのです。
本当の幸福とは、心だけが決めるものです。

05

なければ苦しみ
あっても苦しみ
執着があるかぎり
苦しみは絶えません。

お金に困窮すれば、苦しむのは当然です。
ところが、財産に恵まれると財産に苦しみます。
財産を維持する苦労が、並大抵ではないからです。
財産があるゆえに投資に熱中したりすれば
心は、ひと時も穏やかにはなれません。
仲の良かった肉親が、欲が絡んで争うこともあります。
肝要なのは、執着から生まれる高望みをせぬことです。
自分とは〝自《おのず》からなる分〟のことです。
穏やかな心に相応《ふさわ》しい分を知ることが大切です。
たまたま財産に恵まれたなら、社会に還元して
さわやかな心持を取り戻しましょう。
もちろん、お金が悪いのではありません。
執着する人の心に、問題があるのです。

06

人生は
生老病死の
学校です。

人の一生とは、どのように生まれ
どのように老い、どのように病気とつきあい
どのように死を迎えるかに尽きているようです。
そして人の一生には、その人だけに与えられた宿題
つまり、天命が託さているようにも思えます。
その宿題を背負い、その天命を果たすために
この世に生まれて来た私たち――。

宿題を背負って生きる以上、それを怠れば落第します。
努力を重ねて及第すれば、多くの人から讃えられます。
予習をすれば余裕ができ、復習をすれば理解が深まります。
それにしても人の一生には、何と宿題の多いことか！
だから、やはり人生とは
〈生老病死〉という宿題の多い学校だと思うのです。

07

最も役に立つ
才能は
好かれる
ことです。

最も役に立つ才能とは、好かれることです。

好かれる人には徳があり、強いパワーが集まって
たくさんの人々に囲まれます。嫌われたり、恨みを
受ける人は徳薄く、パワーが拡散して人も寄りつきません。

だから、人はまず好かれることが大切です。

まわりの人や初対面の人だけではありません。
あの世の人にも好かれなければなりません。

だから、先祖供養やお墓参りを怠ってはならないのです。

氏神さまや方位の神さま、トイレの神さまはもちろん
ペットや鉢植えにも好かれましょう。

〈運〉のよし悪しは、これで決まりです。
運とは結局、人柄で決まるもの。
人徳こそは最も役に立つ才能なのです。

08

願《がん》をかけて
叶《かな》うのではなく
好かれるから
叶うのです。

祈りを叶えたい時には、よく〈願かけ〉をします。
そして、願をかけるから自分の切実な祈りが
叶うと考えがちです。しかし、そうではないのです。
祈りが叶うとき、実は神仏に好かれる行いをしているのです。
正しい祈りとは、神仏に好かれるかどうかにかかっています。
たとえば、当山では毎日お護摩焚きを修しています。
そのとき、護摩壇で導師は何をしているのかといえば
それは供養をしているのです。この供養をすることが
神仏に好かれることなのです。精霊への回向においても
まったく同じことです。言い換えれば、行いを正し
言葉を正し、心を正して供養の祈りを捧げれば
良い結果が必ず現れます。その供養が
神仏に好かれるから、おのずから結果が現れるのです。

09

人間とは
〝人の間《ま》〟です。
人の間は気持ちよさで
決まるのです。

人間どうしの関係が、うまく行くための条件とは何でしょう。それはお互いの間に、気持ちのいい空気が漂《ただよ》うことです。気持ちのいい空気とは挨拶《あいさつ》と掃除《そうじ》で作られます。人がトラブルをおこすのは挨拶が欠けているからです。お世話になったらお礼をご迷惑をかけたらお詫びをしましょう。

それを怠るから「挨拶もない」ということでトラブルに発展してしまいます。

もう一つ大切なのは掃除です。強いパワーは清らかな場所にしか集まりません。開運の気は清らかな場所に流れ込んできます。自分の部屋でも職場の机でも、どこでもいいから掃除をしましょう！いいことが、必ず起こります。

10

何もかも与えられる
ことはありません。
何もかも失う
こともありません。

幸せに恵まれるとは、どんなことでしょう。
健康に恵まれ、才能に恵まれ、仕事に恵まれ
お金に恵まれ、家族に恵まれ、友人に恵まれる。
そんなことでしょうか。しかし実は、すべてに
恵まれることは絶対にありません。健康であっても
仕事の悩みが絶えないとか、財産があっても
家庭内のトラブルが続くとか――。反対に、何ひとつ
恵まれていないようでも、一つは取り得があるものです。
これといって心配するほどの病気がないとか
たとえ一人だけでも、信じ合える友がいるとか――。
つまり、何もかも与えられることもない代りに
何もかも失うこともないのです。そうでなければ
私たちは、この世に生まれてくるはずがありません。

11

何かが足りない
と思う時
人は成長します。

自分をヘンだと思う人は、少しもヘンではありません。
本当にヘンな人は、自分がヘンだということに
気づかないからです。だから、自分がヘンだと
思う時は、それだけ正常に生きているのです。
正常に成長しているということなのです。
成長する、上達する、飛躍するということは
単調に昇りつめることではありません。
昇ったかと思えば突き当たり、抜け出したかと思えば
また突き当たる、この繰り返しです。そして
その度に、自分には何かが足りないと思うはずです。
その時、人は成長し、上達し、新たな飛躍を
遂《と》げるのです。何かが足りないと思う時
それは〝黄金の時〟なのです。

12

愚《おろ》かさに
気づく分だけ
人はさらに
賢くなります。

失敗の原因とは何でしょう。
あんな人と出会ったから、思わぬ妨害を受けたからなど
さまざまな原因がありそうです。でも、よく考えると
結局は自分の考えが足らず、より良い分別がなかった
要は自分がいかに愚かだったか、ということに尽きます。
お釈迦さまは、人間のあらゆる苦しみの根源は
〈無明《むみょう》〉だと説かれました。〈明《みょう》〉とは智恵のことです。
闇を照らす智恵が〈明〉で、その智恵がないこと
愚かであることが〈無明〉です。もしかすると
愚かであることは、最も罪なことかも知れません。
人は愚かであるゆえに、罪を犯すからです。
だから、その愚かさに自分が気づくことで
人は少しずつ賢くなっていくのです。

13

何をするかより
まず大切なのは
誰に出会うかです。

人生とは〝出会い〟です。
何をするかはもちろん大切ですが、その前に
誰に出会うか、それが何より大切です。
なぜなら、私たちは接する相手に感化されて
しだいに似たものどうしになるからです。
それはちょうど、霧の中を歩んでいると
いつの間にか衣服が湿ってしまうのと同じです。
人間は習慣の生きもの。そしてその習慣を左右するのは
私たちが出会う人たちです。家族はもちろんのこと
師や友人の人格の色合いに、自《おの》ずと染《そ》められるからです。
だから、何をするかより、誰に出会うかが重要です。
そして、何を習うかより、誰に習うか
何に向かうかより、誰に向うかが大切なのです。

14

耐えることは
大切です。
上手に耐えることは
さらに大切です。

人生を歩んでいくうえで、耐えねばならぬことは
たくさんあります。そのために人は
大きな苦しみを背負うことになります。
中でも、人と人との関係から生ずるストレスは
なかなかに耐えがたいものです。家庭であれ職場であれ
交友であれ親戚付き合いであれ、他の誰かと関われば
何かしら、人間どうしのストレスが生じます。
相手が自分と同じ人間だからこそ、そのストレスは
耐えがたいほど大きなものになるのです。でも
その苦しみに上手に耐えてこそ、生きがいのある人生
智恵ある生き方と言えるのではありませんか？
苦しみから逃れずに向き合い、本質的な苦しみと
上手につき合う。そこからいろいろなことが学べます。

15

悩みも苦しみも
不安もない人など
どこにもいません。

「平和で安心して暮らせる社会」という
スローガンがあります。でも、現実にはどうでしょう。
実は、平和で安心して暮らせる社会など、この世に
あるはずはありません。安全運転をしていても
どんな事故に遭遇するか予測できません。
保険をかけても、いつ病気やケガに襲《おそ》われるかわかりません。
地震や津波を止めることはできません。
勤務先の会社が倒産するかもわかりませんし
投資した株が暴落するかも知れません。
この世は〈無常〉なのです。無常とは、変らぬものなどない
という意味です。この世に絶対不変のものはありません。
〈無常〉を真正面に受け入れる覚悟から
本当の智恵が生まれるのです。

16

成功しても
おごらぬことです。
失敗しても
悲観せぬことです。

〈無常〉とは変らぬものなど、何ひとつないという意味です。だから、人生には、いつ何が起こるかわからないという覚悟が必要です。

でも、これを逆に考えれば、どんなことでも変えることができる、という意味になることを見逃してはなりません。つまり、失敗したり災難に遭遇しても、決して悲観することはないのです。

一時の成功が、災いの種になった実例は多くあります。一流大学や一流企業に入ることが、かえって不幸の始まりになる人もたくさんいます。逆に、たとえ失敗をしてもそれがどのような結果を生むかは、誰にもわかりません。

成功しても、おごらぬことです。

失敗しても、悲観せぬことです。

17

最良の結果を
望みましょう。
最悪の結果に
備えましょう。

プラス思考は大切です。大事なことをしている時には
上昇気流に乗っている自分をイメージすべきです。
眼を閉じて、最高潮のレベルにある自分の姿を思い浮かべ
やがて訪れる最良の結果を想像することが大事なのです。
でも、それと同じくらいに大切なのは
最悪の結果に備えることです。人生には運が働きます。
ツキが回れば、どんな成功に恵まれるとも限りません。
とはいえ、プラス思考ばかりに片寄ると、失敗した時に
右往左往《うおうさおう》するばかりで、上手な対応ができなくなります。
成功に向かって進むことは必要ですが、失敗への心構えも
同等に、いや、もっと大切です。何ごとにも
二面性があるのを覚えることです。正と負とが交差する
この現実をどうやりくりするか、それが人生の正念場です。

18

〈大変〉とは
大きな変わりです。
大変がなければ
人は変わりません。

大変なことがあった時、人は大きく変われます。
大変なことがあった時、人は初めて本気になれます。
必死に努力し、智恵をしぼり、協力を仰ぐのです。
逆に〈大変〉がなければ、人は何もしません。
本気にもならず、進歩もしません。
「窮《きゅう》すればすなわち変ず。変ずればすなわち通ず」と
いいます。本当に窮した時、人は今までとは異なる発想
異なる方法を模索します。大きな変わり目に応じて
すなわち〈変ずる〉のです。
そして、大きな変わり目の中で模索を続ければ
ついに解決策を見い出すこともできます。
すなわち〈通ずる〉のです。
安易に考えてはなりません。本気になることです。

19

勝ち過ぎた人は
いつか必ず
大敗します。

三度〈事《こと》〉をなして、三度とも成功するのは危険です。
自信過剰から増上慢《ぞうじょうまん》になり、怖いもの知らずになり
いずれは暴走し、自爆《じばく》するからです。
この世は競争の社会ともいえます。だから
どんなことにも勝ち負けはつきものです。そして
やたらと強運な人がいることも事実です。
しかし、考えてみてください。強運とは果たして
どこから生れるのでしょう。それはその人の能力に
加味された〈徳〉の力から生れます。
〈徳〉は使い果たせば尽きるものです。だから
あまりに勝ち過ぎた人はその徳を使い果たして
いつかは必ず大敗するのです。つまり
本当の強運とは、〝ほどほどに勝つ〟ことなのです。

20

どこかで
喜ばれるほど
あなたは
元気になるのです。

私たちは眼には見えず、耳にも聞こえぬ多くの力に
依って生きています。その力をあるいは〈気〉といい
あるいはオーラといいます。要するにエネルギーであり
〈元気〉のことです。だから元気がない時とは
その力がどこかで衰え、どこかで弱っている時なのです。
よい〈気〉がたくさん集まる人は、そのオーラが輝き
前向きでいつも明るく、元気でいられます。では
この〈気〉を集めるためには、どうすればよいか。
それは〈他〉に好かれ、そして喜ばれることです。
〈他〉とは、まわりの人のことだけではありません。
この世の人にもあの世の人にも、神さまにも
飼っている動物にも、庭の植物にも喜ばれることです。
喜ばれれば喜ばれるほど、あなたは元気になるのです。

21

よく眠り
時が過ぎて
忘れることで
癒されます。

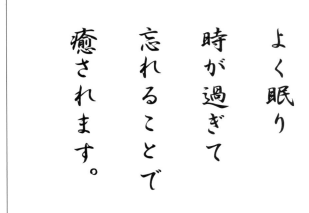

覚えることも大切ですが、忘れることも大切です。
イヤなことがあったら、反省も必要ですが
早く忘れることが何より必要です。そのためには
まずよく眠ることです。誰もが、自分にとって
大切なことは何かと考えますが、何も考えずに
無心に眠ることは、あまり重視されないようです。
でも、人生の多くの時間は眠りに費やされます。
自分にふさわしい無心の眠りを工夫しましょう。
〈時間〉こそは、何者にも勝る癒《いや》しの妙薬なのです。
私たちには、時と共に忘れる能力が具わっています。
この忘れる能力という癒しの妙薬がなかったら
より良く生きることができないからです。
忘れることも、立派な能力であることを知るべきです。

22

幸せだから
笑うのではなく
笑うから
幸せが来るのです。

私たちは、幸せだから笑うのだと考えがちです。

でも本当は、よく笑う人に幸せがやって来るのだと思いませんか？「笑う門《かど》には福来たる」です。

笑いの絶えない門（家）には、いつの間にかむこうから、福（幸せ）が飛び込んで来ます。

困難に直面して、それを乗り越えられるか否かはその人がどれだけ笑顔でいられるかで決まります。

困ったときに、暗い顔でしぶしぶ立ち向かうのと笑顔で立ち向かうのとでは、その違いは明らかです。

身辺にいる人を思い浮かべてください。よく笑う人はたとえ困難にあっても、何とかなっていませんか？

反対に悲惨《ひさん》な様子の人はどうですか？

鏡を見て無理に作ってでも笑うこと、これが大切です。

23

成功とは
成功への
根回しのことです。

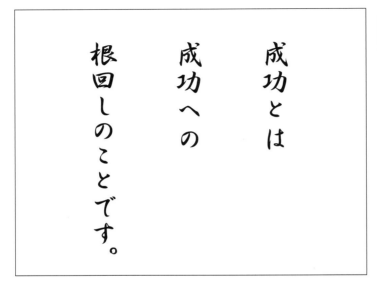

物ごとがうまく行くのは、実は、うまく行くように根回しをしているからです。つまり、準備段階で成否が決まるのです。あたり前のように聞こえますが世の中の人の殆どが、この事実に気がついていません。

〈盛運〉の時が、チャンスの時ではなくて

〈衰運〉の時にこそ、成功へのチャンスが潜んでいます。その時に周到《しゅうとう》な準備をして、入念な根回しをすることで成功へのただ一つの道が開かれるのです。だから実は厄年とは〝役年《やくどし》〟でもあります。厄年を〝役立つ〟年に変えた人は、厄年が明けた時に大きなチャンスをつかむことができるからです。樹木は秋に落葉し冬には、すでに新芽の準備に入っています。だから春の訪れと共に、いつでも発芽ができるのです。

24

人事を尽くして
尽くし切れば
天命に届くのです。

「人事を尽くして天命を待つ」といいます。
この格言からは、人事を尽くすことについて
何か安易な発想が感じられてなりません。
どちらかといえば、天命を待つことの方に
重点がおかれているからだと思います。
人事を尽くすのは、並大抵なことではできません。
通常は、人事を尽くせないまま終わることが
多いのです。最後まで智恵をしぼり、努力を続け
運の助けがあって、はじめて人事を尽くせます。
そして、本当に人事を尽くし切った時には
必ず不思議なことが起こります。
思っても見ない出来事が起こるのです。つまり
人事を尽くして尽くし切れば、天命に届くのです。

25

天の時より
地の利です。
地の利より
人の和です。

天の時と、地の利と、人の和。
これを〈三才《さんさい》〉といいます。
天の時とは、いつ事を起こすか、その時期をいいます。
地の利とはどこで事を起こすか、その場所をいいます。
人の和とは誰と事を起こすのか、その結束をいいます。
この三才の相関を、「天の時は地の利に如《し》かず。
地の利は人の和に如かず」といいます。
この相関の意味合いこそが大切です。つまり
どんなに天の時を得ていても、地の利には及ばず
いかに地の利を得ていても、人の和には及びません。
大切なのは、あくまでも人です。人の結束なのです。
思い巡《めぐ》らしてみましょう。物事がうまく行かない時は
ほとんどが、人の和が崩《くず》れた結果だと判るはずです。

26

功徳こそは
あの世に
持ち越せる
唯一の財産です。

あの世に持ち越せないもののために人生を費やすのは
この世に存在する大きな矛盾のひとつです。
人はお金のために働き、多くを得て遺《のこ》そうとします。
しかし、どれほどの財産を遺しても
あの世に持ち越すことはできないのです。
人一倍努力をして、地位や名誉を得ても
やはりあの世に持ち越すことはできません。
肝腎《かんじん》なのは、お金や地位や名誉を得る過程の蓄積です。
人を喜ばせ、人から感謝をされたうえでの成功なら
その蓄積は〈徳〉として残ります。そして
この〈徳〉だけが、あの世に持ち越せるものなのです。
仏教では修行や供養の成果である〈功徳〉を讃えます。
それが、あの世に持ちこせる唯一の財産だからです。

27

待つことも努力。
退くことも努力。
諦《あきら》めることも
努力です。

私たちは、前に進むことばかりを努力と思いがちです。
新しいことに挑戦する、成績を上げる、交友を広げる。
たしかにそれも努力です。しかし、進むばかりでは
本当のゴールに辿り着くことはできません。
待つこと、退くこと、諦《あきら》めることも大切な努力です。
人生には、待たねばたどり着けないことや
退かねば前進できないことがたくさんあります。
また、わずかな一歩を進むために
二歩も三歩も退かねばならないことだってあります。
〈諦める〉とは〝明かに見る〟こと。
つまり〝明める〟ことです。だから、決して
〈ギブアップ〉ではなく、心のリセットなのです。
新しい目標に向かうための大切な智恵です。

28

他人にしてほしい
ことがあるなら
まず自分から先に
それをすることです。

他人が挨拶《あいさつ》をしてくれないことを不快に思うなら
まずは、自分から率先して挨拶をすることです。
挨拶の〈挨〉とは心を開くこと。〈拶〉とは迫《せま》ることです。
自分から心を開いて相手に迫らねば、挨拶にはなりません。
人と人との付き合いのうえで、これは大切な教訓です。

その人が、あなたに挨拶をしないのは
嫌っているわけでも無視しているわけでもなく
ただ、機縁《きっかけ》がなかっただけのこと。その機縁を
こちらから先に作ってみる。これが重要なのです。

人を変えようと思うなら、まずは自分が変わらねば
なりません。自分にこうしてほしいと思うことを
自分が先にするのです。すると人は必ず心を開きます。
人間とは〝人の間《ま》〟と書くことを忘れてはなりません。

29

人を見るとは
同時にまた
見られることです。

私たちは常に人を見て生きていますが
それは同時にまた、人から見られることでもあります。
これは、つい忘れがちになる重要な相互関係です。
自分が不満に思うことは、相手も不満に思うかも知れません。
こちらが「イヤな人だな」と思ったら、相手だって
そのように感じているはずです。関係とは相対的なものです。
逆にこちらが相手を尊重して名前を覚え、話に耳を傾け
相づちを打ち、悩みを聞いてあげれば、相手もまた
こちらに好意を持つでしょう。自分が相手を見ることは
相手からも見られる立場に進み出ることだからです。
人はみな、自分が認められること、正しく評価されることを
常に望んでいます。そうした共通の立場を思いやることです。
見ることは見られること。二つながら、同時にあるのです。

30

習慣は
第二の才能です。
習慣にすれば
才能が芽生《めば》えます。

「継続は力なり」といいます。

継続するためのコツは、習慣にしてしまうことです。

顔を洗うように、掃除《そうじ》をするように

食事をするように、継続を習慣にするのです。

それを三年続ければ、基本は身につきます。

十年続ければ、〝先生〟として人に教えることができます。

そして、その十年を三度くり返して三十年続けたならば

それはもはや、あなたにとって人生の宝となるでしょう。

お寺の生活は徹底した習慣のくり返しです。

挨拶をする、掃除をする、作務《さむ》をする、勤行《ごんぎょう》をする。

そのくり返しです。だから特別な記憶力がなくても

お経を覚えるのです。身につくのです。

習慣としてくり返せば、偉大な才能が芽生えます。

31

小事を
おろそかにしての
大事はありません。

小さなことをおろそかにして
大きなことが出来るはずがありません。
小さなことの反対は、大きなことですが
大きなこととは、実は、小さなことの蓄積《ちくせき》です。
だから、小さなことを見逃すようでは
大きなことなど出来るはずがないのです。
大きな岩も、小さな亀裂《きれつ》から割れてしまいます
約束を忘れてはいないか。時間に遅れてはいないか。
対話が減ってはいないか。片づけを怠ってはいないか。
小さなことを振り返らずに、おろそかにしていると
いずれは必ず、大きな過《あやま》ちを犯してしまいます。
だから、小さなことにこだわるべきです。それが
自分に正直で、きちんと向き合っている証拠なのです。

32

どんなことにも
良し悪しは
あるものです。

「井の中の蛙《かわず》大海を知らず」といいます。
井戸という狭い世界に住む蛙は、海の広さを知らない。
そのことを皮肉に表現した諺《ことわざ》として知られています。
ところが、この後に「されど空の深さ（青さ）を知る」と
続けてみると、さらに含蓄《がんちく》のある諺になります。
井の中の蛙でも、来る日も来る日も井戸の円い口から
空を見上げていれば、空の深さをよく知る者となります。
たとえ小さな分野とはいえ、一つのことに徹するならば
博学多才でなくとも、その道の専門家になれるのです。
一分野だけの専門家がよいか、博学多才がよいかは
一概にいえることではありません。重要なのは
この世のどんなことにも二面性があることを知り
常に心を広く、大きく構えることです。

33

運だけに頼るは
愚かなことです。
運に気づかぬは
さらに愚かなことです。

人には能力が必要ですが、能力を十全に発揮するには
〈運〉の力も必要であることは否めません。
勝れた能力を持ちながら、なぜか不運に終わる人が
あまりにたくさんいるからです。
能力とは〝自分を認めさせる力〟とするなら
その場合の〝認められる力〟と何でしょうか。
人に信頼され、慕われる人ほど、社会から認められる力も
強いのです。その力を徳とするなら、〈運〉と〈徳〉とは
互いに引き合う関係を持つはずです。そして
人が最後に残すものは〈徳〉だといえましょう。
人柄や人格と並んで〈人徳〉と称されるのも頷《うなづ》けます。
だから、運だけに頼るのは愚かなことですが
運に気づかないのは、さらに愚かなことなのです。

34

いつでも続く
幸運はありません。
いつでも続く
不運もありません。

どんな幸運も、永久に続くことはありません。
運には必ず波があるからです。押し寄せたかと思えば引き
引いたかと思えばまた押し寄せる。浜辺の波と同じように
運の波もこのような性質を持っています。
だから、今が不運だと思っている人も嘆《なげ》くことはありません。
幸運はいつか必ずやって来ます。それを見逃《みのが》さぬことです。
そのためには、家に対しては、先祖への〈供養〉を怠らず
社会に対しては、たくさんの〈徳〉を積むことです。
家の運についていえば、たとえ初代で栄えても
二代目で衰え、三代目には滅びる例はたくさんあります。
徳川幕府は二六〇年も続きましたが
三代目ごとに病弱や短命な将軍が出ています。
幸運も不運も、いつまでも続くことはありません。

35

良い時は
良いなりに良く
悪い時は
悪いなりに良いのです。

人の一生は盛運《せいうん》と衰運《すいうん》とのくり返しです。
重要なのは、衰運の時にもチャンスがあることです。
新しいことに着手せず、身辺を整理して
ご無沙汰《ぶさた》の方には挨拶をし、計画を検討し
体調管理を心がけて、先祖の供養に励むなら
とても良い衰運の時間を過ごしたことになります。
その時間が、何よりも飛躍へのチャンスとなるのです。
人は、盛運の時には多忙のあまり多くのことはできません。
だから、衰運の時の過ごし方で盛運の如何が決まるのです。
盛運に入ってから、あわてて準備をしても間に合いません。
要は何ごとも根回しです。段取りです。
衰運の時にこそ、準備をしっかりと進めていれば
やがて大きな成就の日を迎えることができるのです。

36

本当に
おいしいものは
家族でいただく
ご飯です。

三ツ星レストランの献立よりもおいしいものは
家族みんなでいただくご飯です。とりわけ
〈おふくろの味〉には、一流シェフにはない
〝心のやすらぎ〟という、大切なかくし味があります。
私たちは、母親の胎内にいたときに
母親が食べたものから栄養を摂取し
自覚しないままに、食育を施されています。
だから、母親が好む味を私たちも好み
その味から〝心のやすらぎ〟が与えられるのです。
家族とは、〈おふくろの味〉を共に食してきた者のことです。
ランチを共にする友人や、お酒で盛り上がる同僚はいても
心の奥深い所で感じる〝やすらぎ〟を共有できるのは
家族だけなのです。その味を忘れないでください。

37

子の姿は
親が歩んだ姿です。
親の姿は
子が歩む姿です。

「子は親の背中を見て育つ」といいます。
子は親の行動や言葉を、何気なく無意識のうちに
吸収しているという意味です。
ドロシー・ロー・ノルト博士の著書
『子どもが育つ魔法の言葉』は世界中に知られています。
「けなされて育つと、子どもは人をけなすようになる。
とげとげした家庭で育つと、子どもは乱暴になる。
不安な気持ちで育てると、子どもも不安になる」など
十数項目にわたる詩は、子育ての鏡といえましょう。
子どもの振る舞いに、親は自分が歩んできた姿を思い
親の背中に、子どもは自分が歩んでゆく姿を映し出します。
親が和気あいあいと、いつも楽しくしていると
それを敏感に感じ取って、子どもも愉《たの》しく暮らせるのです。

38

牛が水を飲めば
乳となります。
蛇が飲めば
毒となります。

同じ水を飲んでも、牛が飲めばおいしい乳となり
マムシのような毒蛇が飲めば毒となります。
これは、同じ教育を受けながら
ある人は社会に貢献する立派な人格者となり
ある人は社会を悩ます犯罪者になることの喩《たと》えです。
つまり、同じものを与えられても
それをどのように活かしていくかは
人それぞれの器量しだいということです。
同じ一冊の本を読んでも、受容の仕方はさまざまです。
感動するのも否定するのも、その人の自由です。
しかし、どのようなリアクションを生むにせよ
費やした時間を無駄にするのは、残念なことです。
乳のような栄養を生み出す心の器量を持ちましょう。

39

最高とは
いかずとも
最善を
尽くすのです。

剣豪と謳《うた》われた宮本武蔵は、その著『独行道』で「ことにおいて後悔せず」という名言を残しています。

「常に全力を尽くすことができていれば
結果がどうあれ後悔をすることはない」

というほどの意味でしょうか。生涯六十数度の立ち合いに一度も敗れなかったという武蔵の気骨が伝わります。

とはいえ、凡人である私たちには、後悔のない生涯などとても過ごせそうにありません。最高の結果を求めてそれが叶わなかったとき、後悔の海に沈んでしまいそうです。

でも、「ことにおいて最善を尽くす」ことなら何とかできそうです。最高の結果を求めるのではなく最善を尽くす覚悟を決めること。武蔵が伝えたかったのもきっと、そういうことだったにちがいありません。

40

偉い人には
ならずとも
良い人に
なることです。

天才や英雄のような〝偉い人〟を〈偉人〉と讃えます。
偉業を成し遂げた人であり、歴史の中で選ばれた人です。
その生涯は波乱万丈の連続です。極貧に生まれたり
投獄されたり、九死に一生を得たり、といった
凡人にはとても耐えられないような生涯を過ごしています。
では、誰もが偉人になることを目指すべきでしょうか？
もちろんそうではありません。偉人には偉人になるための
機縁があります。本人の努力に〈運〉が加わってこそ
偉人が誕生するのです。私たちが目指すべきは〝良い人〟です。
周囲から好かれ、信頼され、慕われる誠実な人になること。
それが、たとえ偉人になれなくても立派な生き方なのです。
かけがえのない自分を活かすための、尊い生き方です。
偉人たちも、そんな〝良い人〟を目指していたはずです。

41

良い人は
良い人に
出会うのです。

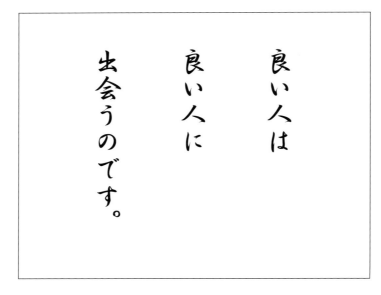

自分にふさわしい人との〝出会い〟は
私たちの人生において、かけがえのないものです。
「類は類を呼ぶ」といいます。これは
人は、自分に類した人と縁を結ぶということです。
つまり、良い人との縁を結ぶためには、
自分が良い人にならなければなりません。
親子や兄弟の縁を変えることはできませんが
友人や夫婦、そして師弟との〝出会い〟は
自分で選ぶことのできる縁です。だからこそ
強い絆《きずな》で結ばれた、一生を左右する縁になるのです。
大切な友や伴侶や師と出会うためには
常に自分を磨《みが》くことを忘れてはいけません。
良い人は、良い人に出会うからです。

42

夕焼けが映《は》え
紅葉が彩《いろど》るように
本当の品格は
有終《ゆうしゅう》を飾ります。

地平線に沈む太陽は、美しい夕焼けとなって映えます。
秋の紅葉は散る前にこそ、錦《にしき》のような彩りを競います。
まるで、自分に課せられた努めを終える前に
持ち前の美しさを発揮して、有終の美を飾るかのように。
でも、その美しさは自然の中にだけあるわけではありません。
人の品格が造り出す美も、また同じことです。
本当の人格は、人生の最後にこそ輝きます。
たとえ高齢者となって、容姿が衰えた時にでも
知性や徳性から放たれる光は、消えることはありません。
その光こそが、人の生涯の価値の集大成でもあるのです。
私たちも、夕焼けや紅葉のようにありたいものです。
夕空に映える日光や、渓流の淵を彩る紅葉のように
私たちが歩んできた人生の、有終の美を飾りましょう。

43

嫉妬《しっと》を転ずれば
煩悩《ぼんのう》を転じます。
煩悩を転ずれば
菩提《ぼだい》に転じます。

「嫉妬を制する者は天下を制す」というように
人の心を織りなす様々な感情の中で
最も厄介なもののひとつが〝嫉妬〟です。
言いかえれば、最も制しがたい煩悩のひとつです。
しかし、嫉妬しないようでは人の進歩もありません。
嫉妬することで、人に負けまいと思って励むからです。
それならば、嫉妬を「制する」のではなくて
むしろ「転ずる」ことを心掛けてはどうでしょうか。
嫉妬する感情をマイナスの方向に向けるのではなく
プラスの方向に転化するのです。負の力を上手に活かして
自分を開くエネルギーへと転ずることが重要です。
嫉妬を転ずることは、煩悩を転ずること。
そして、煩悩を転ずれば菩提へと至ります。

44

過去とは
〃過《あやま》ちが去る〃
ことです。

どんな人にも過ちはあります。むしろ
人の一生は大小様々な過ちの連続です。
不注意から犯した過ち、思いやりのなさゆえの過ち。
傲慢《ごうまん》さがもたらす過ち、無知そのものといえる過ち。
過去の過ちは、忘れがたいトゲとなって心を傷《いた》めます。
もしかすると、その傷が私たちの行いに
ブレーキをかけ続けているのかも知れません。
それならば、少しだけ発想を変えてみましょう。
過去とはただ〝過ぎ去る〟ものではなくて
〝過ちが去る〟ことでもあります。だから
どんな過ちも、時と共に少しずつ風化していくのです。
風化した分だけ、「悔《く》い」が「希望」へと変わります。
充分に悔いたなら、新しい未来に目を向けましょう。

45

苦労も
楽しめれば
生きがいと
なります。

人の一生とは、重い荷を担《にな》って歩むようなもの。
そのように看破した偉人がいました。なるほどと思います。
でも世の中には、荷の重さに押しつぶされる人もあれば
軽々と荷を持ち運んでゆく人もいます。
前者は、過去の苦労を垢《あか》のように身につけている人です。
苦労の履歴が、いつまでも色濃く顔に刻まれています。
後者は、苦悩の着物を次々と脱ぎ捨てることができる人です。
昔の苦しみが装いも新たに、むしろ魅力となって輝きます。
その違いは、自分の苦労の原因を世間や他人のせいにするか
苦労が、自分のために必要なものだったと考えて向き合うか
そこにかかっています。苦労を他のせいにする人は恨《うら》む人です。
その恨みが垢のように残るのです。自分に必要だと考えれば
その苦労を乗り越えることが、生きがいにさえなります。

46

泥の中から
蓮華が咲きます
苦しみの中から
喜びが湧《わ》きます。

仏の覚りの世界の象徴でもある蓮華は
その優美にして清楚《せいそ》な花びらを、煩悩に満ちた
穢土《えど》にも喩《たと》えられる汚泥《おでい》から咲かせます。
穢土とは、私たちが日々を生きている現世のことです。
現世とは、まさしく〈憂《う》き世〉です。
夫婦や家族間のトラブル、お金の算段、健康の心配…
様々な憂《うれ》いや苦しみに囲まれて、息も絶え絶えになって
私たちは生きています。でもそんな毎日の中で
ふとした瞬間にでも、柔らかな光に包まれた
蓮華の花びらを思い浮かべてみましょう。
正しい覚りが、煩悩を超えて成就するように
私たちのささやかな喜びの花もまた
〈憂《う》き世〉の苦しみの中から生まれるのです。

47

仏飯《ぶっぱん》とも言い
舎利《しゃり》とも言います。
ご飯は仏さまです。

この世で一番おいしいものは〈ご飯〉です。
一生つき合っても、飽きることがなく
一日とて、それを忘れることがありません。
自らを主張せず、どんな料理にもマッチします。
炊いても、蒸しても、焼いても、炒めても
変幻自在な美味しさを醸《かも》し出し
塩でも、醤油でも、味噌でも、油でも
何にでも調和して、快いハーモニーを奏《かな》でます。
そんなご飯だから、〈仏飯〉として仏さまに供え
〈舎利〉と称えて、仏さまの真骨を示すのです。
ご飯をいただくことで、私たちは幸せになれます。
ご飯をいただく時、人は自然に合掌します。
ご飯には、仏さまの功徳がこもっているようです。

48

刃物が
切れるのは
砥石《といし》の
おかげです。

砥石は、まさしく縁の下の力持ちです。
日本刀の美しさや、包丁や鎌の切れ味が称讃されても
砥石が讃えられることは、まずありません。
日本刀も包丁も鎌も、砥石がなければ完成しないのに
砥石は誰にも注目されず、その産地すら知られません。
そんな徹底した裏方ともいえる砥石を、主役として扱い
〈丹波青砥《あおと》〉等の名品の数々を展示しているのが
京都亀岡にある〈匠《たくみ》ビレッジ天然砥石館〉です。
長く都であった京都には、木造建築や和食の文化が継承され
それらの道具を研《と》ぐために勝れた砥石が集められたのでしょう。
私たちの人生は、多くの裏方の働きに支えられています。
自分が裏方になったり、裏方の誰かに助けられたりもします。
裏方も表方も、充実した人生のために必要なものなのです。

49

過ぎた倹約は
卑《いや》しくなります。
過ぎた謙遜《けんそん》は
卑屈《ひくつ》になります。

倹約とは立派な美徳の一つです。しかし
それも度が過ぎれば、ある種の卑しさに転じます。
倹約はしても、必要な時には散財しなければなりません。
出し惜しみするようでは、単なるケチに過ぎず
せっかくの美徳も、悪徳となるほかはありません。
同じように謙遜という美徳も、度が過ぎてしまえば
卑屈になってしまいます。「慇懃無礼《いんぎんぶれい》」というように
そこに傲慢な雰囲気さえ漂ってきます。
土下座して謝るなど、もってのほかの愚行です。
「過ぎたるは、なお及ばざるがごとし」とか。
孔子が『論語』の中に記したこの教えは
度を過ごすことの過ちを、的確に示しています。
倹約も謙遜も、人に誇示するものではありません。

50

腹を立てると
大抵《たいてい》は後悔します。
耐えて過ですと
良かったと思います。

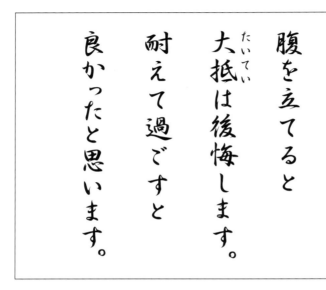

「貪《とん》・瞋《じん》・痴《ち》」という心の働きを〈三毒〉といいます。
私たちの心を害《そこな》いやすい、煩悩の毒のことです。
中でも「瞋《いか》り」は、最も日常茶飯事といえる悪徳です。
前後の見境なく瞋りを爆発させれば、後で悔やむことは
火を見るより明らかです。それをよく承知していても
つい腹を立ててしまう私たちです。でも、腹立ちに耐えて
稀《まれ》に瞋りをやりすごすことができると、そのあとで
必ず「あぁ良かった」と、胸を撫《な》でることになります。
そのためには、自分の心の主宰者になることです。
腹を立てている自分と、それを抑《おさ》えようとする自分とを
同時に意識することが大切です。生《き》の感情が先に立ったら
耐えて忍んでやりすごすこと。つい腹を立てた時には
もう一人の自分の、柔和な顔を思い浮かべてください。

51

奥深いものほど
平凡そのものです。

たとえば、味わい深い文章には、奇を衒《てら》ったところがひとつもありません。伝えたいことを的確に淡々と述べるところに、得もいわれぬ滋味が香ります。名文にしようと考えて、難解な言葉を連ねたりするとそれが邪念となって、文章の自然な流れを損《そこ》ないます。

炊きたてのご飯の美味しさにも、同じことがいえます。その美味しさは平凡で、そこに格別な特長もありません。ただ、ふっくらと炊き上った米粒が、ほんのりとした湯気を立てているに過ぎないのに、ひとたび口に入れるやその味わいの奥深さは、たとえようもないほどです。

二つの例は私たちに、これ見よがしのあざとい主張やひとりよがりな価値判断の浅はかさを教えています。奥深いものほど、本当は、平凡そのものなのです。

52

上手に
世話になることも
大事な才能です。

私たちにはなぜか、他人の世話になることを嫌がる傾向があります。中には嫌がるというより世話をかけることを恥と感じる人さえいます。

他人に迷惑や負担をかけるのは、極力避けるべきだとそういう気持ちから、無理をしてでも、自分で何とかやりくりをしている人も多いはずです。

でも、人は一人で生きられるものではありません。この世のしがらみの中で生きていく以上は親兄弟・友人知人、あるいは見知らぬ人にまで何かしらの世話をかけてしまうのは当然です。

それならば、世話になることの是非よりもむしろ、いかに上手に世話になるかを考えましょう。サラッと、人さまのお世話になるのも大事な才能です。

53

苦がなければ
楽もありません。
苦中の楽こそ
本物の〈楽〉です。

〈温かい〉という感覚は
寒さと暑さとの中間を示すわけではありません。
そうではなくて、心も凍えるような極寒の日に
暖炉の温《ぬく》みに接した時の〝幸せ感覚〟です。
それと同じで〈涼しい〉という感覚は
熱気と寒気の中間を示すわけではなくて
立ちくらみを起こしそうな猛暑の日に
木陰で風に吹かれるときの〝幸せ感覚〟です。
では、極楽を想わせるような〈楽しさ〉とは
どのような感覚なのでしょう。それはおそらく
苦しみの中から求められる〝幸せ感覚〟です。
つまり、苦がなければ楽もありません。
苦中の楽こそ、本物の〈楽〉なのです。

54

自分の過ちを
ためらわずに
忠告してくれる人。
それが真の友です。

真の友とは、どんな人をいうのでしょう？
こちらの話をじっと聞いてくれる人。
気兼ねすることなく本音が言える人。
たとえ口論しても、すぐに仲直りできる人。
いつも親身になって心配してくれる人。
いろいろありますが、どれもなかなか難しい条件です。
シェークスピアに「不実な友を持つくらいなら
敵を持った方がよい」という皮肉な言葉がありますが
やはり古人の言い伝えた「まさかの時の友こそ真の友」
という諺《ことわざ》に勝る名言はないようです。
〝まさか〟のひとつが、重大な過ちを犯した時です。
そんな時、少しもためらうことなく、まっすぐに
こちらの非を忠告してくれる人。それが真の友なのです。

55

与えたものは
返ってきます。
奪《うば》ったものは
いずれ失います。

「情けは人の為ならず」といいます。
他人への温情は、やがて自分の為になるのです。
いいかえれば、本当の〝情け〟から出た施しは
自分の徳となって返ってくるということです。
本当の施しとは、自分の情けを誇らないことです。
古語に「陰徳あれば必ず陽報あり」とあります。
人知れず施した情けには、陽の当たる報いがあります。
けれど、陽報を期待する行いは陰徳ではありません。
逆に、人を騙《だま》したり、脅《おど》したりして奪ったものは
いつの日にか、必ず失うことになります。
与えずに得たものは、償《つぐな》わなければならないからです。
与えたものに返礼あり、奪ったものに償いあり。
これが、常に変わることのないこの世の道理です。

56

受けた恩を
忘れてはなりません。
与えた恩は
忘れることです。

私たちは毎日を、父母の恩や朋友《とも》の恩
社会の恩や国家の恩を蒙《こうむ》りながら生きています。
目に見えるものから、そうでないものまで
種々様々な多くの恩を忘れてはなりません。
いつか、その恩に報いることを心がけるべきです。
逆に、自分が他人に与えている恩については
なるべく早く忘れることです。他人の報恩を
期待するのは、功徳を捨てることになるからです。
人は、他人から受けた恩に対しては
棒ほどのことでも、針くらいにしか感じません。
逆に、他人に与えた恩については
針ほどのことを、太い棒のようにも思うものです。
よくよく慎まなければなりません。

57

一歩を譲《ゆず》る
寛容《かんよう》な人は
千歩の後《のち》には
先行する人です。

これ以上進むのは危ない！　と思ったら
寛容な心になって、一歩を譲ることが肝要です。
これが、どんなトラブルも未然に防ぐ鉄則です。
車の運転でも然《しか》り、夫婦喧嘩でも然りです。
進むことばかり考えて、退くことを知らない人は
結局のところ、先へは進めないものです。
人は、他人の寛容なふるまいには心を許しますが
横柄なゴリ押しには、ただ反感を懐《いだ》くのみだからです。
こちらが一歩を譲れば、相手からも一歩を譲られます。
寛容な人には、それだけの〈徳〉が備わっているからです。
同じように、人を立てれば自分も立てられ
人をほめれば、自分もほめられるものです。
一歩を譲る寛容な人は、千歩の後《のち》には先行する人です。

58

昇りつめれば
下るばかりです。
満ち足れば
失うばかりです。

人生の絶頂というものは、長くは続きません。
頂上に昇ったあとには、下ることが待ち受けています。
漫々《まんまん》と幸運を貯め込んで、満ち足りてしまえば
ついには、あふれ出て失うばかりです。
満開よりは七分咲き、泥酔《でいすい》よりは、ほろ酔いかげん
最高位よりは、ほどほどの地位に趣《おもむき》があります
「人に千日の好《こう》なく、花に百日の紅《こう》なし」といいます。
度を過ぎた幸運や栄華は、他人に分け与えるものです。
功成り名を遂げた者は、他に譲ることを考えるべきです。
はからずも頂上まで昇りつめてしまった暁《あかつき》には
これまでのプロセスを振り返ることを心がけましょう。
長い年月のうちに、知らず知らずのうちに積んできた
ひそやかな〈徳〉を、無駄に使い果たしてはなりません。

59

欲を捨てることは
出来ません。
欲を生かすことは
出来るのです。

私たち凡人は、常に欲に従って生きています。
その欲が、あまりに深くて理不尽なものであれば
ついには悪事に走って身を滅ぼしたりもします。
でも実は、欲がなければ善事もなし得ません。
人のために善かれと思ってする行為にも
何がしかの欲が必要だからです。

悪事に走る原因となる欲を〈我欲〉とすれば
善事を成し遂げるために必要なのは
欲は欲でも、〈大欲《たいよく》〉だといえましょう。

〈我欲〉を捨てるのは、とてもむつかしいことですが
〈大欲〉を育てることなら、何とか出来るかもしれません。

蓮華が、泥の中から美しい花を咲かせるように
清らかに育てられた欲は、〈大欲清浄《たいよくしょうじょう》〉と呼ばれます。

60

水面が乱れると
月も映りません。
心が散乱すると
ツキを逃します。

唐の詩人李白は、池の水面に映った月を取ろうとして溺《おぼ》れ
その生涯を閉じたそうです。その真偽《しんぎ》の程《ほど》はともかく
お酒が好きだった李白に因《ちな》んだ逸話だと思います。
李白なら、美しい水面の月に憧《あこが》れるのも頷《うなず》けるからです。
ところで、夜空にかかる月を映すための水面は
鏡のように、よほど澄んでいなければなりません。
水面が乱れていては、どんな名月も映らないからです。
私たちの心もこれと同じです。心が散乱していては
どんな功徳も映りようがありません。散乱のはては
感情のままに迷走して、人生を誤ることになります。
「月」にこと寄せていえば、「ツキ」を逃すのです。
ツキとは、向こうからやってくる幸運ではありません。
思慮深く謙虚な心が引き寄せる、善き出会いのことです。

61

水が清ければ
魚も棲《す》みません。
潔癖《けっぺき》が過ぎれば
人も寄りません。

あまりにも澄みきった清らかな水には
魚も棲《す》まないといわれます。同じように
あまりに潔癖の度が過ぎる人には、人徳も生じません。
この真理を簡潔に言い表したのが
「水至って清ければ魚なし。人至って察《あきらか》なれば徒《とも》なし」
という格言です。〈察〉とは配慮が行き届き過ぎることです。
また〈徒〉とは、徒弟すなわち従業員や弟子を指します。
上に立つ指導者や、人を指導する立場の人が
あまりにこと細かく、煩《わずら》わしく口出しをして
完璧を求め過ぎると、教わる者のヤル気が削《そ》がれます。
適度に手綱《たづな》を緩《ゆる》め、和をもって導くことで
人は大きく育ってゆきます。何事にも極端を避けて
時と人に応じた間合いが重要だということです。

62

いいかげん
ではなくて
〃よい加減〃が
大切です。

「あの人はいいかげんな人だ」といえば
不真面目や不誠実を責める言葉になります。
しかし、〈いいかげん〉の本来の意味は
〝よい加減〟で、物事のほどよい状態を指します。
だから、「もういいかげんにしなさい」という叱責《しっせき》は
もうそろそろ、不真面目でダラダラした態度を改めて
ほどよい行動をしなさい、という意味になります。
仏教では〈中道〉ということを重んじますが、これも
単なる「真ん中」ではなくて、ほどよい状態のことです。
つまり〈いいかげん〉な状態が求められているのです。
ただし、いいかげんな状態は時と場合、あるいは
人によっても異なります。それぞれに応じた
いちばんの〝よい加減〟を見つけ出すのが大切です。

63

頼まれないから
しないのではなく
しないから
頼まれないのです。

仕事を頼みやすい人もいれば、頼みにくい人もいます。
頼みやすい人とは、自分から進んでする人です。
そして、自分からも人に頼む人です。
だから、まわりの人から何かと助けられるのです。
たとえば、家族揃《そろ》って写真を撮ろうとして
周囲を見回して、なかなか声をかけられないでいる人に
その気持ちを察して、こちらから「お撮りしましょうか」
と気さくに言える人は、自分も周囲の人から慕われ
困っているときには、手を差し伸べてもらえる人です。
自分から進んで与えれば、必ず与えられるからです。
頼まれれば何かするのに、頼まれないから何もしない。
そんな人は、実は、何もしないから頼まれないのです。
頼まれないでも何かをして、人にも何かを頼みましょう。

64

人は誰でも
認められたいと
思っています。

自分を認めてほしい。これは誰もが思うことです。
仏教では、自我への執着を煩悩として排しますが
自分という存在を認めてほしい、という欲求は
自我の問題とは少し違っているようです。
たとえば、新入社員が仕事に身が入らなくなるのは
自分への評価に、飽き足らないものを感じるからです。
たとえ仕事を覚えるのが遅かったとしても
懸命に努力する姿勢だけでも、認めてほしいのです。
社会に適応できなくて引きこもったり、犯罪に走るのは
実は、社会から認められなかったことへの反動です。
教育者や経営者は、このことに気づかねばなりません。
性急な評価が、人の一生を誤らせることもあります。
自我の否定は、自我を認めたうえでの問題なのです。

65

早起きは
三文《さんもん》の得です。
人を誉《ほ》めれば
一生の徳です。

人は誰でも、自分が一番かわいいと思っています。
だから、自分に好意をもってくれる人には
自然と好意を持つことになります。
小さな事でも、自分に関心をもってくれる人には
こちらからも関心を向けるのが道理です。
これは、人との付き合いを円滑に進めるために
忘れてはならない、大切な相互関係の要諦《かなめ》です。
周囲の人に対して、その欠点を算《かぞ》えるよりも
まずは、優れたところを見つけてあげましょう。
そして、たとえ些細《ささい》なことでも誉めてあげましょう。
誉められた人は心が弾《はず》んで、逆にあなたの利点を見つけ
やがて、あなたの心を元気づけてくれる人になります。
早起きは三文の得ですが、人を誉めるのは一生の徳です。

66

花の香りは
風に従って漂います。
徳の香りは
風に背《そむ》いても広がります。

春になると、梅の花が咲き誇り
その香りは、風に吹かれるままに漂います。
夏の蓮華、秋の菊花、冬の椿も同じです。
特に香りがないと思える野の花でも、葉の匂いや
土の匂いと共に、かすかな香りを運びます。
この世の花は、人の心を癒してくれます。
花を見ることで心を潤し、心を楽しませるのです。
花の香りに似たものに、徳の香りがあります。
でも徳の香りは、花の香りと少しだけ違って
風に背いても、人の心に広がっていきます。
徳を積んで、心の内側から香りが漂う人は
多くの人から頼られ、敬われ、慕われるからです。
徳が人の品格を高め、品格の高さが匂い立つのです。

67

こんな目に遭《あ》わねば
こんな思いをせねば
目覚めない自分が
ここにいます。

長い年月を生きても、「自分とは何か」と考え出すと
その答えに辿りつくのは、容易ではありません。
ただ、自分を変えるのが難しいことだけは判ります。
たとえば、タバコやお酒をやめるだけでも大変です。
それでも、「このままでは死んでしまうぞ！」と
医者に注意されると、途端《とたん》に目覚めたりします。
欲情に駆られてフラフラと行動し、周囲の人を傷つけ
自分の愚行《ぐこう》に嫌気がさして、深く落ち込んだりもします。
人は、こんな目に遭い、こんな思いをしなければ
目覚めることができない存在のようです。
あのときも、このときも、いつもそんな自分がいた。
せめて、そんな〝気づき〟と共に歩んでいけば
人生の疑問に、小さな答えが見つかるかもしれません。

68

そばにいる家族。
語りかける友人。
花も鳥も山も海も
すべてが恵みです。

やさしい家族や、得がたい友人のありがたさは判っても
いつもいつも、そう思い続けることはできません。
忙しさにかまけて、つい忘れてしまうこともあります。
季節に応じて咲く花や、愛らしい声で啼《な》く鳥。
雄大な山や、広々とした海に癒やされることはあっても
常に自然を意識しているわけではありません。
でも、人が思い悩んだ時や重い病気に臥《ふ》した時には
そばにいてくれる家族ほど、頼りになるものはありません。
たまに逢《あ》ったときに語りかけ、励ましてくれる友の
真っ直ぐな言葉は、明日に向かう力を与えてくれます。
そして、自分の来《こ》し方《かた》・行く末に想いを馳《は》せる時には
野の花や飛ぶ鳥や、山や海が深い啓示を伝えてくれます。
天も地も人も、すべてが恵みに満ちています。

69

信頼する友からの
苦言こそは
自分を正しく映す
心の鏡となります。

他人の苦言は、たとえ信頼する友からのものでも
決して心地よく聴けるものではありません。
こちらが落ち込んでいるときなら、なおさらです。
棘《とげ》のある言葉より、真綿《まわた》でくるんだ甘言がほしいところです。
でも、そんな時にこそ、自分の器量が問われるのです。
こちらの欠点を、オブラートにつつんで指摘してくれる
耳に心地よい周囲の言葉に慣れてしまうと
私たちの心の器量は、小さくなってゆくばかりです。
それでは、隠された能力も開発されることがありません。
信頼する友が、真っ直ぐな苦言を呈してくれるとき
その苦言こそは、自分を正しく映す心の鏡なのです。
心の器量を大きく育てるための、最大のチャンスです。
その鏡を捨ててしまえば、心はただ迷うばかりです。

70

徳ある家は
幸運に恵まれます。
不徳の家は
不運に見舞われます。

——積善の家には必ず余慶《よけい》あり。

不積善の家には必ず余殃《よおう》あり——


これは『易経』に記された含蓄《がんちく》ある名言です。

〈余慶〉とは遺《のこ》された慶事・幸運のこと。

〈余殃〉とは遺された不祥事・不運のことです。

この場合、余慶と余殃との差はどこからくるのかといえば先祖が遺した積善の徳と、不積善の災いの違いによるのです。

先祖が善事をなして徳を積めば、子孫は必ず幸運に恵まれ逆に悪事をなして不徳を積めば、子孫は不運に見舞われます。

善事とは何かを一概には決められませんが、少なくとも人や社会から感謝される行いが、善事だとはいえそうです。

そうした善事の積み重ねが、家の徳として蓄えられます。

子孫の幸運は、先祖が遺してくれた徳の果実なのです。

71

今あるものを
最大に活かせば
足ることを
知るのです。

知足《ちそく》（足ることを知れ）とは、よく聞く言葉ですが
ほとんどの人が、この言葉の意味を誤解しています。
〈知足〉とは「今ここにあるもので満足しなさい」と
奨《すす》める言葉ではありません。そうではなくて
今ここにあるもの、いま自分に与えられたものを
最大に活かすことに努めれば、不足は何もない。
そのように示しているのです。これをいいかえれば
活路は、あなたの足もとにあるということです。
「足もと」こそ〃足るを知るに値するところ〃だからです。
幸福の青い鳥を、徒《いたず》らに遠くに求めてはなりません。
足もとを見れば、幸福へと至る活路が必ず見つかります。
足もとに活路を見つける努力が、〈知足〉を招き寄せ
その〈知足〉によって、ますます活路が開くのです。

72

人生の経験に
無駄はありません。
すべては必要な
ことばかりです。

人生の貴重な時間を費やした努力が不首尾に終わると
人は「何て無駄なことをしたんだろう」と悔やんだりします。
でも、何年か経ったあとで振り返ってみると
実は、その努力が無駄ではなかったと気づいたりもします。
それどころか、あのとき失敗してかえって良かったと
心から、しみじみと思えることだってあるはずです。
懸命に努力した経験が、その後の人生に活かされて
大いに役立つとき、時間の無駄使いと思ったことが
逆に、貴重な時間だったと得心できるのです。
結果の良し悪しから、性急に利益と不利益を判断するのは
大きな間違いです。目に見える成果よりも、裏に隠された
大切な経験を活かせるかどうか、それが大切なのです。
費やした時間を捨て去ることこそ、本当に無駄な行為です。

73

七十億の人々が
地球上にいます。
たった一人の自分が
ここにいます。

地球上の人口は、今や七十億を超えています。
しかも年々歳々《ねんねんさいさい》、増え続けているということです。
でも考えてみれば、生まれた国も、生まれた土地も
生まれた家も、生まれた時間も自分と同じという人は
この地球上に、誰ひとりとして存在しません。
地球史の長い長い時間の中で、今ここにいる自分は
たったひとりの自分、かけがえのないひとりです。
〈唯我独尊《ゆいがどくそん》〉という言葉は、決して他を押しのけて
自分一人が尊いという意味ではありません。
過去未来を通じて、この世界にひとりきりの自分の
かけがえのない尊さを、感謝の気持ちで表した言葉です。
こんなに尊い自分が、今ここに生きていることの価値と
その天命の素晴らしさを、高らかに唱えた聖語なのです。

74

きびしい姿勢で
臨みましょう。
どうにかなると
気楽に行きましょう。

何ごとにせよ、きびしい姿勢で臨むことは大切です。
背筋を伸ばし、真っ直ぐに歩くことが肝要です。
でも、季節に四季の移り変わりがあるように
心や身体にも、移り変わる起伏の流れが必要です。
自分を追い込ことを、冬の厳しさに準《なぞら》えるなら
心の余裕は、穏やかな春の光に喩《たと》えることができます。
それが心の芽を育て、花を咲かせることになります。
勝負の世界に生きるアスリートが、試合の前に
音楽を聴いて、リラックスするのと同じです。
孤独と戦いながらも、うまく心をほぐすことで
試練に立ち向かうために、ゆったりと過ごすのです。
懸命な思いと、「どうにかなるさ」という構えと
どちらも、人生を泳ぎ切るために必要なものです。

75

本当に
教えるためには
教わらなければ
なりません。

長い経験で培《つちか》った知識や技術を伝えることは
それほど困難なことではありません。
知識の詳細と、技術の要点を手ほどきすれば
型どおりの役目を果たすことができます。
でも、本当の意味で他人に教えるのは、なかなか
容易ではありません。相手の性格や才能や熱意や
本当は何を学び、どう活かしたいのか…等々
知らねばならないことは、たくさんあります。
それを知るためには、教える相手から逆に
こちらが教わらなければなりません。
教えることの難しさは、ここにあります。
相手の心に、教える自分が映し出されるのです。
本当に教えるためには、そんな極意が必要です。

76

生きることは
問いなのです。
死にゆくことは
答えなのです。

この世界で生きていくということは
さまざまな問題に直面することでもあります。
私たちは、そのたびに自分に問いかけます。
でも、その答えは容易には見つかりません。
一生の間考えても、見つからない場合もあります。
その困難な答えは、私たちが死にゆくときに
おのずから示されるものなのかもしれません。
しかも、死にゆく自分に向けてではなく
残される人や、変わらず在りつづける世界に対して
答えが、少しだけ明らかになるのかもしれません。
人の〈死〉には、それだけの意味があるはずです。
生きることは、死に向かって刻一刻《こくいっこく》と問うこと。
死にゆくことは、生きてきたことの答えなのです。

77

不平ばかり言う人
愚痴《ぐち》の多い人は
心が貧しい人です。

何事につけ、不平不満ばかり言う人がいます。

また、日々の暮らしへの愚痴の多い人がいます。

いずれも人生の失敗や、思いどおりにいかない様々なことの原因を、他人や環境に押しつける人です。

自分の経験したことや、自分が関わっている環境に責任をもって、真っ直ぐに向き合う度量がないのです。

不平不満は、根本的な自信がないことの裏返しです。

愚痴は、自分の無知を覚らないことの証明です。

そして、そんな自分を人前に曝《さら》していることに恥じないのは、自分を相対的に見られないからです。

不平や愚痴、あるいは批判や暴言といった攻撃的な言葉は、人の心の貧しさを示します。

自省して、深く戒《いま》しめなければなりません。

78

何を失ったかより
何が残ったかです。

失意のどん底にいる時、人は深しみのあまり
「もう何もかも失ってしまった」と思いがちです。
でも、本当に何もかも失っているのでしょうか
忘れていた経験や実績を、思い出してください。
家族や旧友の顔を、想いうかべてみましょう。
残されたものが、まだあることに気づくはずです。
これだけしかないのではなく、これだけはあるのです。
もう時間がないのではなく、僅《わず》かでも時間はあるのです。
「窮すれば変ず、変ずれば通ず」といいます。
発想や方法を変えれば、通ずる途《みち》も開きます。
途が開けば、自《おの》ずと第一歩目を踏み出せます。
自分が生きてきた証《あか》しは、誰にも消せません。
何を失ったかより、何が残ったかを心に留めましょう。

79

弱みのない人は
いません。
素直な弱みこそ
魅力となります。

人は誰でも、何かしらの弱みを持っています。
〈弱み〉とは、自分の性格や体力や能力の
短所や、足りない部分を自覚することです。
この自覚が、コンプレックスになってしまうと
他人に気がつかれないように、無理に隠したり
逆に強がったり、相手の欠点を非難したりします。
でも、弱みを素直に受け入れて謙虚に見つめ
それを克服するために、周囲の助力を仰げば
あなたの弱みに、反感をいだく人はいないものです。
性格上の欠点があれば、他の長所を伸ばすことです。
体力に自信がなければ、健康に配慮するのです。
能力が足りないなら、地道な努力に徹することです。
素直な弱みこそ、魅力となることだってあるのです。

80

鈍感《どんかん》も
時には才能に
変じます。

成功への原動力として、よく数えられるのが
〈運《うん》・鈍《どん》・根《こん》〉という三つの要素です。
〈運〉とは、もちろんその人の運のよさです。
幸運をもたらすのは、能力だけではありません。
三番目の〈根〉とは根気のことです。何をするにも
根気なくして、最後まで成し遂げることはできません。
さて、少し意外に思えるのは二番目の〈鈍〉です。
鈍感であることが、どうして成功への原動力なのか。
鈍感さは、時には才能に変じることがあるからです。
鈍感であれば、何事にもくよくよ悩むことなく
夜はぐっすりと眠り、朝は元気に起きられます。
鈍感なればこそ、プレッシャーにも耐えられます。
人生の長い道のりの中で、鈍感も大切な才能です。

81

雑草の中にも
薬草があります。
雑談の中にも
金言があります。

〈雑草〉という名の草はありません。
どんな草にも学術上の名や、地方で呼ばれる
通り名というものがあります。そして
どんな雑草の中にも、貴重な薬草があるのです。
それを雑草と呼んで、粗末に扱うのは
足もとにある宝が見えないからです。
〈雑談〉も同じです。ただ暇《ひま》つぶしの噂話《うわさ》として
漫然《まんぜん》とおしゃべりの時間を過ごしていては
実は、そこで語られているかもしれない
ひそやかな金言に出会うことはできません。
何気ない路傍の風物に目を開き
ふと交わされる会話にも耳を傾けましょう。
思わぬものが見え、気づかぬものが聞こえてきます。

82

なろうと
思うより
なれると
思うことです。

もし、「このようになりたい」と思うことがあれば
それを実現するために、着々と準備を進めるのは
大切なことです。でも、もっと必要なのは
「きっとそうなれる」と、強く思うことです。
ひたすらそれを念じ、いつも祈り続けるのです。
なぜなら思考や祈念の気は、やがてパワーとなり
意志や努力を、高みに引き上げてくれるからです
でも気まぐれに、時々思うだけでは足りません。
何よりも大切なのは、不断に思い続けることです。
手帳に書いたり、大書したものを壁に貼り
声に出して読めば、脳が活性化されます。
願いどおりになった自分をイメージすることで
やがて実現への道が、自《おの》ずから開き始めます。

83

「ありがとう」
を言うために
人は生きています。

死を間近にした人が、家族に残す最後の言葉として
最も多く選ばれるのは、「ありがとう」です。
そう聞くと、何故だか喜ばしく、素直に頷《うなず》けます。
これほど平易で、しかもこれほど味わい深い言葉は
ほかにありません。多くの人に選ばれるゆえんでしょう。
「ありがとう」は、ただ感謝に留まる言葉ではありません。
人生の追憶であり、反省であり、懺悔でもあります。
万感の想いが「ありがとう」の一言に込められています。
「ありがとう」と心から言える人は、信頼されます。
「ありがとう」と周囲の皆に言える人は、懐《なつ》かれます。
だから、家族や子供たちに伝えるべき大切な言葉は
「ありがとう」の一言だと、誰もがそう思うのです。
「ありがとう」を言うために、人は生きています。

84

これで良しと
思う時にこそ
もう一歩の
努力が大切です。

世の中には、種々様々な職業があります。

そして業種によって、細かく区分されています。

でも、あらゆる職業は〈サービス業〉だともいえます。

一つの製品が流通するためには、そこに込められたアイデアや技術や工夫のほかに、別の何かが必要です。

「何か」とは、もう一歩の真心であり、親切です。

もの造りに大切な、プラス・アルファの努力です。

その努力が、心づくしの〝サービス〟になるのです。

つまり、「これで良し！」と思う時にこそ、実はあと一歩の努力が大切なのです。その小さな努力が厳しい競争社会に生き残るための、秘密の力です。

何事も「これで良し！」と決めつける前にもう一歩の努力で、「何か」をつけ加えましょう。

85

見えないものが
見えないところで
私たちを
支えてくれます。

「おかげさま」という言葉は、美しい日本語の一つです。
〈おかげ〉とは、もちろん「お陰《かげ》」のことです。
陰となって、私たち支えてくれるものを表します。
〈お陰さま〉の助力で、今の自分があるというのです。
では、具体的な「お陰」とは、どんなものでしょうか。
挨拶として述べる時には、相手が〈お陰さま〉ですし
広くは社会、身近なところでは家族や友人がそうです。
これらは目に見えるものですが、神仏やご先祖さまや
あるいは、篤《あつ》い信仰心や感謝の気持ちといった
目に見えない〈お陰さま〉も、見えないところで
私たちを支えてくれます。伊勢神宮のお陰参りも
こうしたゆかしい気持ちから生まれたものです。
「おかげさまで」と言える分だけ、幸せがふくらみます。

86

恨《うら》みを
恨みで返せば
その恨みがまた
恨みを呼びます。

人生の途上において、時として私たちは
思いもよらぬ残酷な仕打ちを受けることがあります。
また、他人がそんな目に遭《あ》うのに立ち会ったりします。
そんなとき、相手に対して深い恨みを抱いたり
逆に、相手から恨みを受けることがあるものです。
でも恨みを抱いても、他人の恨みを恨みで返しても
その恨みが、また新たな恨みを呼ぶことになります。
恨みというものは、どんな事情があるにせよ
中心に新たな苦悩を引き込み、当事者すべてから
〈運気〉を奪っていきます。そこに例外はありません。
もつれた訴訟に関わった双方が、共に不運な成り行きに
陥《おちい》るのはこのためです。恨みに対処するための
最良の方法は、渦中《かちゅう》から素早く引きあげることです。

87

一人では
何もできません。
一人が始めれば
何かができます。

大河の源流をたどれば、ほんの小さな湧き水です。
その湧き水に、あちこちからの湧き水が合流し
あるいは急流となって岩を咬《か》み、あるいは深い淵《ふち》となり
長大な道のりを経《へ》ながら、下流へ下流へと進んで
やがては、滔々《とうとう》たる大河となって海へ流れ入ります。
同じように、たった一人で生まれてきた私たちでも
多くの仲間が力を合わせて、大きな仕事ができます。
でも、その多くの仲間が集まるためには
一人一人の始動が必要です。その小さな始動こそは
大河を作る小さな湧き水の、大切なひとつひとつなのです。
あちらこちらの小さな始動が、合流して源流となり
やがて大河となって、成就という名の海に到達します。
一人では何もできません。一人が始めれば何かができます。

88

最後に残るのは
与えたものです。

人生の幸福の一つに、望んだものを得る喜びがあります。
人はその喜びのために生きている、ともいえるくらいです。
だから人は、脇目もふらずに得ることの喜びをめざします。
でも、そこで一度立ち止まってよく考えてみましょう。
何かを与えなければ、何かを得ることはできません。
これが、人と人との関係から生ずる人生の鉄則です。
不思議なことに、この鉄則を肝に銘じて生きていると
やがては、自分が望むものを得る喜びのためではなく
人に喜びを与えることで、自分自身が大きな喜びを
感じるようになります。与える喜びを知るほどに
自分が成長してゆくのを、知るようになるのです。
多くを与える人は、結局は、多くを得る人です。
最後に残るもの、それは、与えたものだからです。

むすび

本書は、八月の猛暑の中で、盂蘭盆のお参り以外はほとんど書斎に籠もりきりになって、ほぼ一ヶ月で書き上げました。改めて読み返すと、仏教が説く〈無常〉とは、一般常識を転じた〝逆発想〟であると深く感じ入っています。ものごとは、すべて「逆も真なり」であり、また「塞翁が馬」でもあります。このような視点で世間を見ると、これまで見えなかったものまでが見えてくるはずです。観音さまのことを「観自在菩薩」と申します。自在に物事が見えれば、人生の多くの問題に対応することが可能でありましょう。

自坊を退任退職して悠々自適の生活を志しましたが、お慕いくださる皆さまに応えて「あさか大師香林寺」を開山することとなりました。残りの人生を皆さまのために捧げたいと存じます。

いつもながら、本書もまた青山社の三宅満氏にお世話になりました。イラストの粟津陽子氏ともども、篤く御礼申し上げます。

初秋の気配が始まる頃　著　者

平成三十年九月

掲示伝道句法話集 真実一語

平成30年11月15日　初版発行

著　者 ● 山　路　天　酬
発行者 ● 林　田　剛　司
発行所 ● 株式会社 青　山　社
〒567-0854 大阪府茨木市島1-18-26
電　話　072-630-6201

印刷所 ● 株式会社 遊　文　舎